BEI GRIN MACHT SICH IHR WISSEN BEZAHLT

- Wir veröffentlichen Ihre Hausarbeit, Bachelor- und Masterarbeit

- Ihr eigenes eBook und Buch - weltweit in allen wichtigen Shops

- Verdienen Sie an jedem Verkauf

Jetzt bei www.GRIN.com hochladen und kostenlos publizieren

Alfons Unmüßig

Ermittlung & Bewertung der wichtigen Erfolgskriterien zur Software-Fehlervermeidung

Fehlerprävention zur Erhöhung der Softwarequalität

GRIN Verlag

Bibliografische Information der Deutschen Nationalbibliothek:

Die Deutsche Bibliothek verzeichnet diese Publikation in der Deutschen National-
bibliografie; detaillierte bibliografische Daten sind im Internet über http://dnb.d-
nb.de/ abrufbar.

Impressum:

Copyright © 2013 GRIN Verlag GmbH
Druck und Bindung: Books on Demand GmbH, Norderstedt Germany
ISBN: 978-3-656-45708-4

Dieses Buch bei GRIN:

http://www.grin.com/de/e-book/214907/ermittlung-bewertung-der-wichtigen-
erfolgskriterien-zur-software-fehlervermeidung

GRIN - Your knowledge has value

Der GRIN Verlag publiziert seit 1998 wissenschaftliche Arbeiten von Studenten, Hochschullehrern und anderen Akademikern als eBook und gedrucktes Buch. Die Verlagswebsite www.grin.com ist die ideale Plattform zur Veröffentlichung von Hausarbeiten, Abschlussarbeiten, wissenschaftlichen Aufsätzen, Dissertationen und Fachbüchern.

Mit Erfolgskriterien zu Softwarequalität

Ermittlung & Bewertung der wichtigen Erfolgskriterien
zur Software - Qualität / Fehlervermeidung

Inhaltsverzeichnis

Kurzfassung

Die Software - Fehlerprävention und somit die Softwarequalität wurden in den letzten Jahren fortwährend verbessert z. B. durch Reifegrad-Modelle, Methoden, Maßnahmen und Einsatz von modernen Programmiersprachen.

Da die Komplexität und Umfang der zu erstellenden Software aber fortwährend wächst, ist es notwendig dass die Qualität der Software Schritt hält. Aber Schritt zu halten ist zu wenig, denn die Softwareanwendungen gehen immer mehr in sicherheitsrelevante Bereiche bei denen es z. B. um Menschenleben geht.

Eine wesentliche Komponente einer weiteren Optimierung der SW- Qualität sind deshalb die Kenntnisse der Erfolgsfaktoren, die bei Ihrer Anwendung im Software-Entwicklungsprozess zu einer Prävention von Fehlern führen. Die Prävention von Softwarefehler ist besonders in den ersten Entwicklungsphasen der Software wichtig, um SW-Fehler nicht in die folgenden Phasen zu „verschleppen".

Die nachfolgende Ausarbeitung zeigt die wesentlichen Erfolgsfaktoren, um Fehler zu reduzieren / vermeiden und somit die SW-Qualität weiter zu verbessern. Der Autor hat in einer umfangreichen Analyse diese Erfolgsfaktoren ermittelt z. B. durch umfangreiches Literaturstudium, Ergebnisse von SW- Qualitäts Kongressen, Befragungen und umfangreiche eigene Berufserfahrungen.

Durch die Befragung von 18 Experten in 3 Ländern wurden die ermittelten Erfolgsfaktoren auf die Kriterien Wichtigkeit, Wirkungsstärke und Vernetzungsgrad bewertet. Die Ergebnisse sind in dieser Arbeit grafisch aufbereitet dargestellt und kommentiert.

Weitere unterschiedliche Analysen der Erfolgsfaktoren / Einflussfaktoren werden / wurden bereits vom Autor veröffentlicht siehe unter „Amazon.de".

Durch die Ermittlung und Bewertung dieser Erfolgsfaktoren in der folgenden Ausarbeitung, kann der Leser und Anwender dieser Erfolgsfaktoren die Schwerpunkte in seiner Softwareentwicklung zur Optimierung der SW-Qualität setzen. Dabei sind die wesentlichen Erfolgsfaktoren besonders zu beachten bzw. umzusetzen / anzuwenden.

Schlüsselwörter: Software, Softwareentwicklung, Softwarequalität, Fehlerprävention, Erfolgsfaktoren, Wichtigkeit der Erfolgsfaktoren, Wirkungsstärke der Erfolgsfaktoren, Vernetzungsgrad der Erfolgsfaktoren, praktische Anwendung.

1. Einleitung

Die Fehlerprävention im Software-Entwicklungsprozess wird immer bedeutender. Sie ist eine besondere Herausforderung, da Softwarefehler (SW-Fehler) unüberschaubar, schwer zu detektieren und die Fehlerfindung sehr viel kostet.

Zur Vermeidung / Prävention von Softwarefehler gibt es wesentliche Kriterien, sogenannte Erfolgskriterien. Erfolgskriterien sind Kriterien, welche die Fehlerentstehung reduzieren / vermeiden. Sie basieren nicht nur aus den technischen Themen wie z. B. Anwendung von Tools, Prozessen sondern aus den Bereichen Mensch, Technik, Organisation und Prozessen. Beispiele: Führungsstil des Vorgesetzten, Motivation der Mitarbeiter, Arbeitsplatzgestaltung, Fach-und Führungswissen, Anwendung von Methoden und Modellen und viele mehr.

Da Software keinen Verschleiß hat, entstehen die Fehler im Entwicklungsprozess. Der Schwerpunkt der Fehlerursachen ist 50-70 Prozent in den Anforderungen, Spezifikation und dem Entwurf.

Die nachfolgenden Darstellungen zeigen die wesentlichen Erfolgskriterien die bei Ihrer Anwendung im Entwicklungsprozess Fehler vermeiden lassen. Die Bearbeitung der wesentlichen Themen geben Antworten auf die folgenden Fragen:

- Welche Erfolgskriterien (EK) sind zur Fehlerprävention im Software-Entwicklungsprozess erstrangig?
- Welche Einflussstärke haben die einzelnen Faktoren?
- Wie groß ist der Vernetzungsgrad der Faktoren untereinander?

Die nachfolgende Ausarbeitung gibt Antworten zu den hier gestellten Fragen und wird die SW-Fehlerprävention weiter verbessern.

2. Ziele der empirischen Untersuchung

Die Ziele der Untersuchung sind die Ermittlung der Erfolgskriterien (EK) und deren Wirkung zur Fehlerprävention und somit auch zu der Softwarequalität. Diese EK sind wesentliche Inputs zur Optimierung der Softwarequalität bzw. Fehlerprävention. Im Software-Entwicklungsprozess sind diese Kriterien z. B. Unterstützung durch das Top Management, Motivation der Mitarbeiter, Anwendung von Reifegradmodellen z. B. CMMI, Umfangreiche Anforderungsanalyse.

Siehe Auflistung der Erfolgskriterien in Kapitel 3

Jedes Erfolgskriterium (EK) wird durch Experten auf seine Wichtigkeit, Wirkungsstärke und Vernetzungsgrad bewertet.

Dadurch ergeben sich für den Leser und Anwender klare Aussagen zu der Bedeutung jedes einzelnen EK zur Fehlerprävention / Softwarequalität.

Die empirische Untersuchung wird nachfolgend in 3 Themen gegliedert:

- **Ermittlung der wesentlichen Erfolgskriterien (EK)**
- **Befragung von Experten bzgl. der ermittelten EK**
- **Ergebnisse, grafische Darstellungen & Bewertungen der EK**

3. Ermittlung der wesentlichen Erfolgskriterien

Die Ausgangsbasis der Anwendung / Beachtung der Erfolgskriterien zur Fehlervermeidung ist der nachfolgend dargestellte Softwareentwicklungsprozess und die dabei z. B. involvierten Personen, verwendeten Methoden, Tools, involvierten Bereiche, Funktionen.

Die Softwareentwicklung wird in mehrere Phasen zerlegt. Die Definition der einzelnen Phasen ist in der Literatur unterschiedlich und hängt teilweise auch von dem gewählten Vorgehensmodell ab.

Bei dieser Arbeit wird von folgenden Phasen (Abbildung 1) ausgegangen:

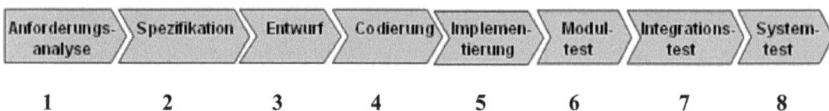

| Anforderungs-analyse | Spezifikation | Entwurf | Codierung | Implemen-tierung | Modul-test | Integrations-test | System-test |
| 1 | 2 | 3 | 4 | 5 | 6 | 7 | 8 |

Abbildung 1 Software-Entwicklungsprozess [Eigene Darstellung]

Die einzelnen Phasen des Softwareentwicklungsprozesses werden vom Projekt- und dem Qualitätsmanagement begleitet. [Schatten 2010, S. 12]. Sie sind durch Meilensteine verbunden bzw. werden durch Meilenstein-Termine verfolgt.

Die Fehlervermeidung ist ein Bestandteil des Softwareentwicklungsprozesses und muss deshalb in der Anforderungsanalyse beginnen, da in dieser Phase ein sehr großer Teil der Fehler entsteht. Da die Fehlervermeidung quasi in den ersten drei Phasen (1. Anforderungsanalyse, 2. Spezifikation, 3. Entwurf) stattfinden sollte, konzentriert sich die Ermittlung der Erfolgskriterien zur Fehlerprävention auf diese 3 Phasen.

Anmerkung: Der Mensch ist mit seinen vielen wesentlichen Erfolgskriterien in allen acht Phasen sehr relevant.

Die komplexe Sachlage erfordert die Ermittlung der wesentlichen Erfolgskriterien der Softwarefehlervermeidung / Softwarequalität durch Schwerpunktbildung und Clusterung. Dabei werden ins besonders

1. Menschliche Erfolgskriterien z. B. Führung, Fachwissen und Motivation,
2. Erfolgskriterien aus Verfahren zur Software-Fehlervermeidung z. B.
   a. Organisatorische Maßnahmen z. B. Qualitätsmanagementabteilung
   b. Konstruktive Maßnahmen z. B. Reviews, Einsatz von Tools
   c. Analytische Maßnahmen z. B. Testen
   d. Psychologische Maßnahmen z. B. Wichtigkeit der Arbeit betonen
3. Erfolgskriterien aus fehlerbasierten Verfahren eingesetzter Qualitäts-Methoden und -Modelle z. B. FMEA (Fehlermöglichkeit- und Einfluss-Analyse
4. Erfolgskriterien aus Reifegradmodellen z. B. CMMI-Reifegradmodell,
5. weitere Kriterien

ermittelt und untersucht.

Diese sind z. B.:

- Studien und eigene Berufserfahrungen
- Impulse aus anderen Disziplinen z. B.
  - Arbeitssicherheit   - Wissensmanagement
  - Psychologie   - Organisation
  - Medizin   - Technologie
  - Kultur   - und weitere.

Der Autor des hier vorliegenden Beitrages hat in dem Buch mit dem Titel „Ganzheitlich vernetzte Fehlerprävention im Software-Entwicklungsprozess" die Quellen und Begründungen **aller** Erfolgskriterien detailliert erläutert, bewertet weitere Analysen vorgenommen und praktische Anwendungen aufgezeigt. Siehe SHAKER Verlag, ISBN Nr. 978-3-8440-1188-3 (Siehe auch unter Amazon.de). Die Ergebnisse der Befragung jedes einzelnen Erfolgskriteriums sind ebenfalls dort in Tabellenform sehr detailliert aufgelistet.

Auflistung der Erfolgskriterien

Folgende 108 Erfolgskriterien wurden vom Autor ermittelt und untersucht.

1	**0. Erfolgreiche Fehlerprävention (Zielgröße)**
2	1.1.1 Besitz von Vision und Strategie der Führungskraft (FK) zur Fehlerprävention
3	1.1.2 Leadershipfähigkeiten der FK
4	1.1.3 Unterstützung der FK durch das Top Management
5	1.1.4 Budget für Wissensmanagement u. Qualifizierung für FK und Mitarbeiter (MA)
6	1.1.5 Mitarbeiterqualifikation durch FK
7	1.1.6 Ressourcenmanagement 1)
8	1.1.7 Positive Geisteshaltung der FK zur Fehlerprävention
9	1.1.8 Einbeziehung des Kunden durch FK
10	1.1.9 Handlungskompetenz der FK 1)
11	1.2.1 Verständnis der Kundenanforderungen/Domain durch MA
12	1.2.2 Besitz von Fach- und Erfahrungswissen der MA
13	1.2.3 Methoden und prozessorientierte Arbeitsweise der MA
14	1.2.4 Erfahrung und Zusammenarbeit des Teams
15	1.2.5 Individuelle Mitarbeiterorientierung 1)
16	1.2.6 Einbeziehung des Kunden durch MA
17	1.2.7 Teamfähigkeit des MA
18	1.2.8 Grad der Erfahrungen der PSP- & TSP-Prozesse, People CMMI der MA
19	1.2.9 Positive Geisteshaltung der MA zur Fehlerprävention
20	1.2.9a Motivationsgrad der MA
21	1.3.1 Kundenanforderungen vom Kunden konsistent, eindeutig und vollständig
22	1.3.2 Einbindung aller Beteiligten beim Kunden
23	1.3.3 Anzahl Anforderungsänderungen im laufenden Projekt 1)
24	1.4.1 Belastungsgrad aus privater/persönlicher Situation
25	1.4.2 Commitment-Grad aller Beteiligten zur FP
26	1.4.3 Systemische Fähigkeiten
27	1.4.4 Arbeitsbelastung der MA, z. B. durch Ressourcenmangel, Stress etc.
28	1.4.5 Arbeitsmoral der MA
29	1.4.6 Betriebsklima (Qualität des Zusammenwirkens)
30	1.4.7 Verhaltensmuster: Eltern-Ich
31	1.4.8 Verhaltensmuster: Erwachsenen-Ich
32	1.4.9 Fluktuationsgrad der FK und MA 1)
33	1.5.1 Eigener Wissenserwerb FK und MA
34	1.5.2 Lernbereitschaft der FK und MA
35	1.5.3 Verfügbare Zeit der FK und MA zum Wissenserwerb
36	1.5.4 Anwendung von Methoden zum Wissenserwerb von FK und MA 1)
37	1.6.1 Kulturkreis mit hoher Qualitätskultur
38	1.6.2 Entwicklungsgrad der Unternehmenskultur
39	1.6.3 Entwicklungsgrad der Fehlerkultur von FK und MA
40	1.6.4 Entwicklungsgrad der Qualitätskultur von FK und MA
41	1.6.5 Entwicklungsgrad der Teamkultur der FK und MA
42	1.7.1 Kommunikationsfähigkeit der FK und MA

43	1.7.2 Regelmäßige, ehrliche, offene und Feedback Kommunikation der FK und MA
44	2.1.1 Anzahl Schnittstellen zwischen Methode, Vorgehensmodell und Tools
45	2.1.2 Grad der Durchgängigkeit der Entwicklungsphasen
46	2.1.3 Harmonisierungsgrad zwischen Methoden, Vorgehensmodelle, Prozesse, Tools
47	2.2.1 Anwendung von Klassischem Qualitäts-Modell z. B. ISO 9000
48	2.2.2 Anwendung von Reifegradmodell, z. B. CMMI, SPICE
49	2.2.3 Anwendung von SW-Qualitätsmodell, z. B. ISO 25000
50	2.3.1 Anwendung von Simulatoren zum Wissenserwerb und Wissens-Test
51	2.3.2 Anwendung von Simulatoren der geplanten Software
52	2.4.1 Anwendung von anpassungsfähigen Methoden, Modellen, Prozesse und Tools
53	2.4.2 Standardisierungsgrad & Eignung der Methoden, Modelle, Prozesse,Tools
54	2.4.3 Stringenz und Umsetzungskonsistenz der Methoden, Modelle, Prozesse,Tools
55	2.5.1 Instabilitätsgrad der erstellten Software
56	2.5.2 Instabilitätsgrad der benutzen Hardware
57	2.5.3 Komplexitätsgrad der SW-Struktur
58	2.6.1 Anzahl Interfaces zu SW „Alt-Systemen" / Legacy Systems
59	2.6.2 Komplexitätsgrad der Anwendungssoftware
60	2.6.3 Grad des Termindrucks in der SW-Erstellungsphase 1)
61	2.6.4 Wiederverwendungsgrad von vorhandenen SW-Moduln
62	2.7.1 Abstimmungsgrad zwischen der angewendeten HW und Anwendungs-SW
63	2.7.2 Reifegrad der HW, Methoden, Vorgehens-Modelle, Prozesse & Tools
64	2.7.3 Anpassungsgrad der Methoden, Vorgehens-Modelle, Prozesse & Tools
65	2.7.4 Automatisierungsgrad der Softwareerstellung 1)
66	3.1.1 Qualität der Arbeitsplatz-Gestaltung und Umgebung
67	3.1.2 Qualität der gewohnten, örtlichen Umgebung und Kultur
68	3.2.1 Coaching-Grad bei der Umsetzung von Verbesserungen und Veränderungen
69	3.2.2 Ernennung und Unterstützung eines „0-Fehler"-Promoters 1)
70	3.2.3 Umsetzung von Verbesserungsprojekte als Pilot 1)
71	3.3.1 Grad der Vorgaben für Vorgehensmodell/Engineering Modell
72	3.3.2 Grad der Vorgaben zur Struktur der Anforderungen
73	3.3.3 Grad der Qualitätsplanungs-Vorgaben
74	3.3.4 Grad der Richtlinien- und Checklisten-Vorgaben 1)
75	3.4.1 Intensität des individuellen Personalmanagements
76	3.4.2 Grad der Erfahrungsverwertung
77	3.4.3 Grad der Wissensverwertung
78	3.4.4 Grad der Lernenden Organisation 1)
79	3.5.1 Grad der Definition von Rollen
80	3.5.2 Grad der prozessorientierten Organisationsgestaltung
81	3.5.3 Grad der flexiblen-, aufgaben- und qualifikationsbezogenen Teamstruktur
82	3.5.4 Grad der aufgabenbezogenen Teamgröße und Kommunikation 1)
83	3.6.1 Einhaltung des Projekt-Budgets
84	3.6.2 Erfüllungsgrad der Kundenanforderungen
85	3.6.3 Einhaltung der Projektqualitäts-Vorgaben
86	3.6.4 Einhaltung der Projekt-Termine
87	3.7.1 Kosten des Wissensmanagements
88	3.7.2 Umsetzungsgrad von Wissensmanagement und Wissensgenerierung

89	4.1.1 Qualität des Anforderungsmanagements
90	4.1.2 Qualität der Anforderungsanalyse
91	4.1.3 Qualität der Spezifikation
92	4.1.4 Qualität des Entwurfs 1)
93	4.2.1 Erreichter Prozessreifegrad
94	4.3.1 Ausmaß an Versions-Verwaltung und Kontrolle
95	4.4.1 Umsetzungsgrad der regelmäßigen Teambildung
96	4.4.2 Umsetzungsgrad der regelmäßigen Projektplanung
97	4.4.3 Umsetzungsgrad der regelmäßigen Projektsteuerung
98	4.4.4 Umsetzungsgrad von Prozessverbesserungen
99	4.5.1 Prozessorientierungsgrad der SW- und QM-Organisation
100	4.5.2 Umsetzungsgrad des organisationsweiten Prozesstrainings
101	4.5.3 Prozessdefinitionsgrad der SW- und QM-Organisation 1)
102	4.5.4 Umsetzungsgrad von Prozessverbesserungen 1)
103	4.6.1 Lernen aus Fehlern „Lessons Learned"
104	4.6.2 Umsetzungsgrad der Produkt- und Prozessqualifikations-Ziele
105	4.6.3 Monetäre- und nicht monetäre Anreize zur Erreichung der Qualitätsziele
106	4.7.1 Umsetzungsgrad von FMEA
107	4.7.2 Anwendung von Quality Gates 1)
108	4.7.3 Umsetzungsgrad von Quality Function Deployment Anwendung 1)

Anmerkung: Die mit 1) gekennzeichneten Erfolgskriterien (EK) waren nicht Gegenstand der empirischen Untersuchung. Sie wurden von den Interviewpartnern am Ende des Interviews zusätzlich genannt und besprochen.

4. Experteninterviews

Die Experteninterviews sollen vorrangig dazu beitragen, die Erfahrungen und Interpretationen der Experten zu ermitteln.

4.1 Aufbau des Interview Fragebogens

Der Interview-Leitfaden besteht aus der Themeneinführung und dem Fragebogen für den Interviewpartner. Die Erfolgskriterien (EK) sind im Fragebogen unterteilt in die erweiterten soziotechnischen Bereiche Mensch, Technik, Organisation, Prozesse.

Jedes Erfolgskriterium im Fragebogen verfügt über drei Hauptspalten mit je drei Teilspalten:

Erste Hauptspalte: Wichtigkeit (WK) des Erfolgskriteriums mit drei möglichen Stufen von 1 bis 3 (3 = starke Wichtigkeit);

Zweite Hauptspalte: Wirkungsstärke (WS) des Erfolgskriteriums mit drei möglichen Stufen von 1 bis 3 (3 = starke Wirkung);

Dritte Hauptspalte: Vernetzungsgrad (VG) des Erfolgskriteriums mit drei möglichen Stufen von 1 bis 3 (3 starker Vernetzungsgrad).

Nachfolgend ist ein Ausschnitt des Fragebogens mit den unterschiedlichen Spalten dargestellt.

Ausschnitt aus dem Fragebogen

Markieren Sie bitte für die nachfolgenden Erfolgskriterien (EK) Ihre Felder mit X.
3 entspricht einer starken, 2 einer mittleren, 1 schwachen Zustimmung von Ihnen.
(Die eingerückten EK sind Untergruppen des darüber liegenden fett gedruckten
EK.)

Was	Wichtigkeit des EK			Wirkungs- stärke EK			Vernetzung sgrad EK		
Erfolgskriterien (EK)	1	2	3	1	2	3	1	2	3
MENSCH									
Mensch als Führungskraft (FK)									
Besitz von Vision und Strategie der FK zur Fehlerprävention									
Leadershipfähigkeiten der FK									
Unterstützung der FK durch das Top Management									

Der Fragebogen beinhaltet alle in der unter Kapitel 3 aufgelisteten Erfolgskriterien,
außer die mit 1) markierten.

4.2 Durchführung der Interviews

Jedem Interviewpartner wurde der Leitfaden und Fragebogen ca. 14 Tage vor der
Befragung zur Einarbeitung in das Thema elektronisch zugesandt. Je nach Wunsch
und Entfernung des Experten wurden die Interviews vor Ort oder telefonisch
arrangiert oder der Experte füllte den Fragebogen selbst aus und sandte diesen
zurück. Von den 18 in 13 Firmen-Befragungen fanden ca. 70 % vor Ort, 20 %
telefonisch und 10 % ohne direkte Teilnahme des Autors statt. Ein Interview
dauerte etwa 1,5 Stunden. Als Interviewpartner wurden alle Ebenen (CEO bis
Sachbearbeiter) in der Softwareentwicklung und dem SW-Qualitätsmanagement
ausgewählt. Quellen der Interviewpartner waren auch Teilnehmer von Software-
entwicklungs- und Qualitätskongressen in Europa, z. B. Bulgarien, Deutschland,
Schweiz, Dänemark und Österreich und diversen Firmen. Die Interviews vollzogen
sich zwischen Mai 2011 und Juli 2011.

5. Ergebnisse der empirischen Untersuchung

Die Ergebnisse wurden für statistische Darstellungen grafisch aufbereitet hinsichtlich der Wichtigkeit (WK) der Erfolgskriterien (EK), deren Wirkungsstärke (WS) und Vernetzungsgrad (VS). Die Datenqualität der Expertenbeurteilungen ist gut. Die jeweilige grafische Darstellung wurde jeweils für die ersten Top 15 durchgeführt.

Im **ersten Teil des Fragebogens** wurden die zwei wesentlichen Fragen zur Software-Fehlerprävention wie folgt beantwortet:

Frage 1: Halten Sie weitere Optimierungen der heutigen Methoden / Modelle / Maßnahmen inkl. neuer Ansätze zur Software-Fehlerprävention für notwendig?
Antwort 1:
100 % der Experten antworteten mit **ja.**

Frage 2: Wo sehen Sie starken Handlungsbedarf?
Antwort 2:
Es bestätigten 90 % der Experten, dass in der Anforderungsanalyse und Spezifikation dringend Handlungsbedarf liegt und zu 80 % auch im Entwurf.

Von den Experten wurden im/nach dem Interview weitere Erfolgskriterien genannt und noch **zusätzlich** folgender **Handlungsbedarf** ergänzt: Test; Kommunikation durch mehr Bilder; Modellierung von Anfang an; kontinuierliche Erweiterung des eigenen Wissens; stetes Problembewusstsein; mehr eigenverantwortliches Handeln und Verantwortung übernehmen.

Im **zweiten Teil des Fragebogens** folgten die umfangreichen Fragen zu den Erfolgskriterien (EK) der SW-Fehlerprävention.
Die jeweiligen Spalten im **zweiten Teil** des Fragebogens WK1, WK2, WK3 (WK=Wichtigkeit) wie WS1, WS2, WS3 (WS= Wirkungsstärke) und VG1, VG2, VG3 (VG=Vernetzungsgrad) beinhalten folgende Wertung: Die 1 steht für „schwache", die 2 für „mittlere" und die 3 für „starke" Zustimmung.

Nachfolgend sind die wesentlichen grafischen Darstellungen der Ergebnisse.

In der anschließenden Abbildung 5.1 sind die Spalten ausgewertet nach:

a) Wichtigkeit (WK)

Von den auszufüllenden Markierungen der Spalte WK in allen 18 Fragebögen wurden 99,24 % gekennzeichnet.

Die vom Autor definierten Erfolgskriterien (EK) bzgl. der Wichtigkeit werden mit 90,97 % (WK3 + WK2) bestätigt, da in der Spalte S3 = 58,46 % (WK3) als wichtig und in Spalte S2 = 32,51 % (WK2) als mittel gekennzeichnet sind.

b) Wirkungsstärke (WS)

Von den auszufüllenden Markierungen der WS wurden 98,17 % (WS3 + WS2) gekennzeichnet.

Die Wirkungsstärke der Erfolgskriterien ist mit 85,47 % bestätigt, da in der Spalte S3 = 43,09 % (WS3) als stark und in Spalte S2 = 42,38 % (WS2) als mittel gekennzeichnet sind.

c) Vernetzungsgrad (VG)

Von den auszufüllenden Markierungen VG wurden 99,62 % gekennzeichnet.

Der Vernetzungsgrad ist 75,92 % (VG3 + VG2) , da die Vernetzung in der Spalte S3 mit 32,07 % als stark und in Spalte S2 = 43,85 % als mittel gekennzeichnet sind.

Anmerkung: Die Ausfüllquote war sehr hoch.

In der nachfolgenden Abbildung 5.1 ist die Auswertung der 3 Spalten Wichtigkeit des EK, Wirkungsstärke des EK und Vernetzungsgrad des EK dargestellt. EF ist hier mit EK gleichzusetzen.

Anmerkung: WK3, WS3 und VG3 ist jeweils die stärkste Zustimmung

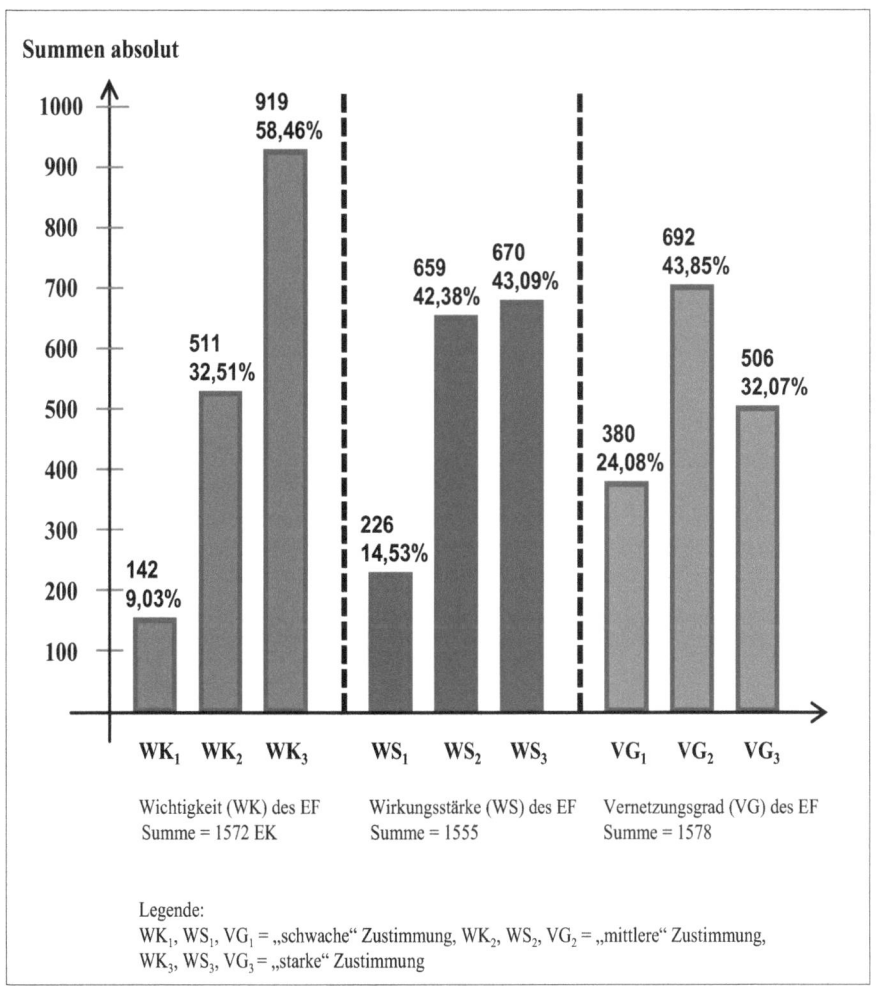

Abbildung 5.1: Auswertung der Spalten Wichtigkeit, Wirkungsstärke, Vernetzungsgrad absolut und in % [Quelle: Eigene Darstellung]

Ermittlung/Darstellung der Top 15 Wichtigkeiten (WK₃) der Erfolgskriterien

In den nachfolgenden Darstellungen sind jeweils die ersten 15 wichtigsten Erfolgskriterien (EK) dargestellt. Die gesamte Auswertung aller 108 wichtigen EK sind in dem Buch „Ganzheitlich vernetzte Fehlerprävention im Software-Entwicklungsprozess" vom Autor dieses Buches dargestellt.

In der Abbildung 5.2 ist die Reihenfolge der 15 bedeutendsten EK „TOP 15" bzgl. Wichtigkeit (WK_3), (Spalte 3 = der Hauptspalte Wichtigkeit) aufgezeigt.

Anmerkung: WK3 ist die höchste Wichtigkeit

Den **Platz eins** in der Reihenfolge der „Top 15" belegt das EK „1.2.1 Verständnis der Kundenanforderungen".

Den **Platz zwei** beansprucht das EK „1.6.4 Entwicklungsgrad der Qualitätskultur von Führungskraft (FK) und Mitarbeiter (MA)".

Den **Platz drei** liegt das EK „4.1.2 Qualität der Anforderungsanalyse".

Die Erläuterungen aller dargestellten Erfolgskriterien folgt in Kapitel 6.

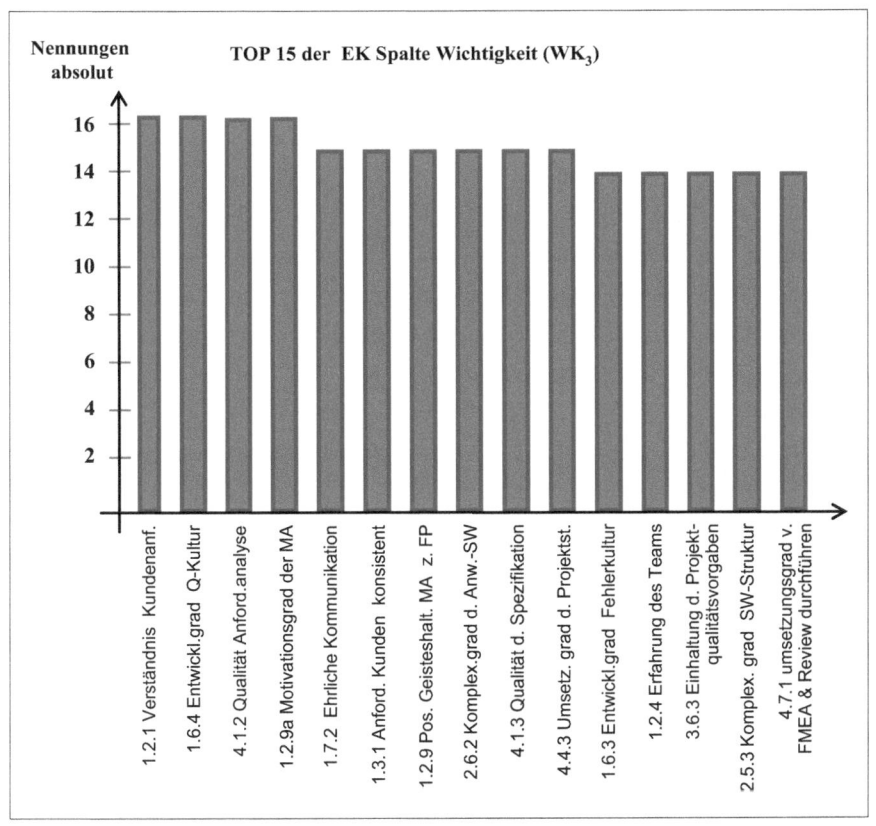

Abbildung 5.2: TOP 15 Wichtigkeit (WK₃)
[Quelle: Eigene Darstellung]

Ermittlung/Darstellung der Top 15 Wirkungsstärken (WS3) der EK

In der Abbildung 5.3 ist die genaue Reihenfolge der 15 wichtigsten EK „TOP 15" hinsichtlich der Wirkungsstärke (WS3), (Spalte drei = der Hauptspalte Wirkungsstärke) wiedergegeben.

Auf **Platz eins** befindet sich das EK „1.3.1 Anforderungen vom Kunden konsistent, eindeutig und vollständig formuliert".

Auf **Platz zwei** ist das EK „1.6.4 Entwicklungsgrad der Qualitätskultur von Führungskraft (FK) und Mitarbeiter (MA)".

Auf **Platz drei** ist das EK „1.2.1 Verständnis der Kundenanforderungen/-domain durch MA".

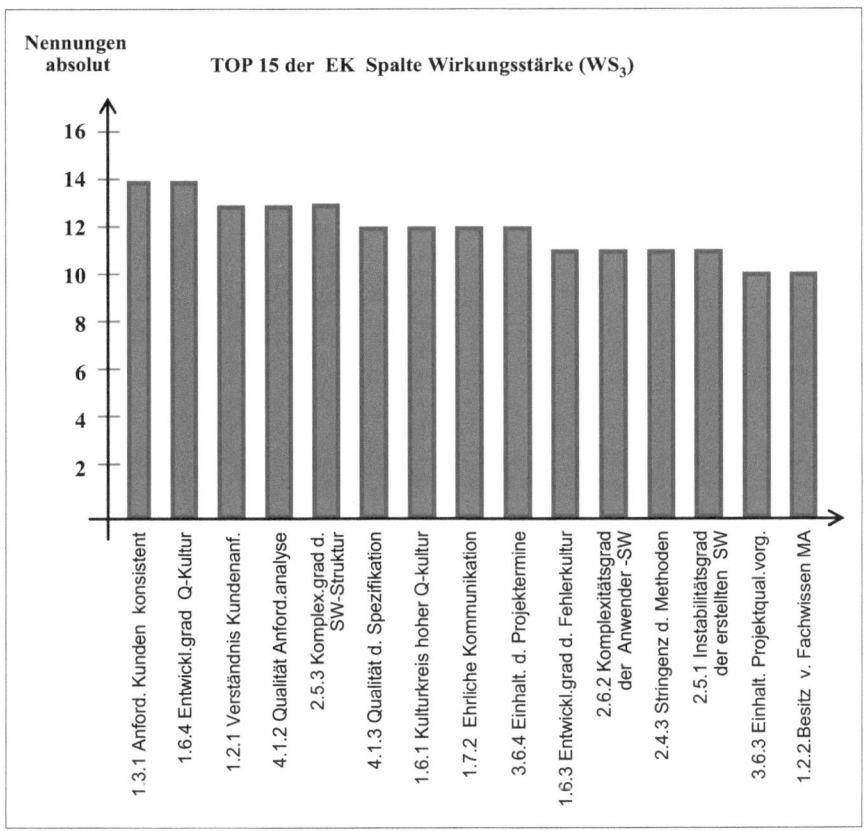

Abbildung 5.3:   TOP 15 Wirkungsstärke (WS₃)
[Quelle: Eigene Darstellung]

Ermittlung/Darstellung der Top 15 Vernetzungsgrade (VG₃)

In der Abbildung 5.4 ist die komplette Reihenfolge der 15 meistgenannten Erfolgskriterien (EK) „TOP 15" mit dem Fokus Vernetzungsgrad (VG₃), (Spalte drei = der Hauptspalte Vernetzungsgrad) zu sehen.

Die „4.1.3 Qualität der Spezifikation" hat gemäß den Nennungen, die meisten Vernetzungen, gefolgt vom EK „1.6.3 Entwicklungsgrad der Fehlerkultur von Führungskraft (FK) und Mitarbeiter (MA)" und schließlich dem EK „4.4.3 Umsetzungsgrad der regelmäßigen Projektsteuerung".

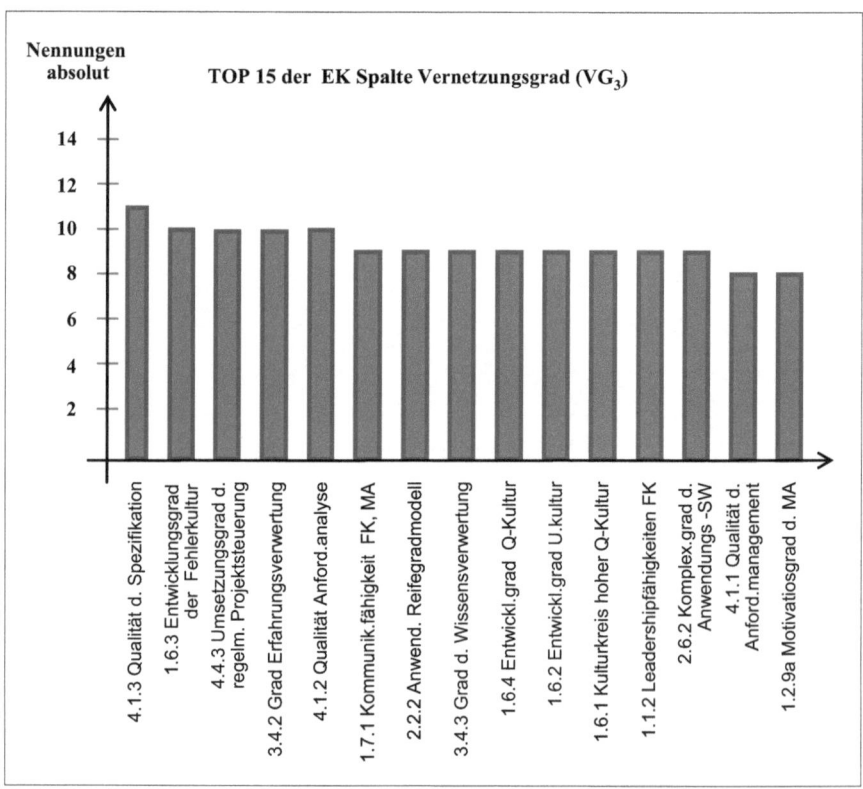

Abbildung 5.4:   Top 15 Vernetzungsgrad (VG₃)
[Quelle: Eigene Darstellung]

Ermittlung/Darstellung der Top 15 „Trippel" WK₃ & WS₃ & VG₃

In der Abbildung 5.5 ist die Reihenfolge der meistgenannten TOP 15 „Trippel" (WK₃, VS₃, VG₃) ersichtlich. Diese gleichzeitig markierten Kombinationen eines Erfolgskriteriums (EK) je Spalte von WK₃, WS₃ und VG₃ zeigen, dass diese Kombination **stark** bewertet wurde bzw. der Einfluss auf die Fehlerprävention groß ist.

Platz 1 hat das EK „4.1.2 Qualität der Anforderungsanalyse",
Platz 2 hat das EK „4.1.3 Qualität der Spezifikation" und
Platz 3 hat das EK „1.6.4 Entwicklungsgrad der Qualitätskultur von FK und MA".

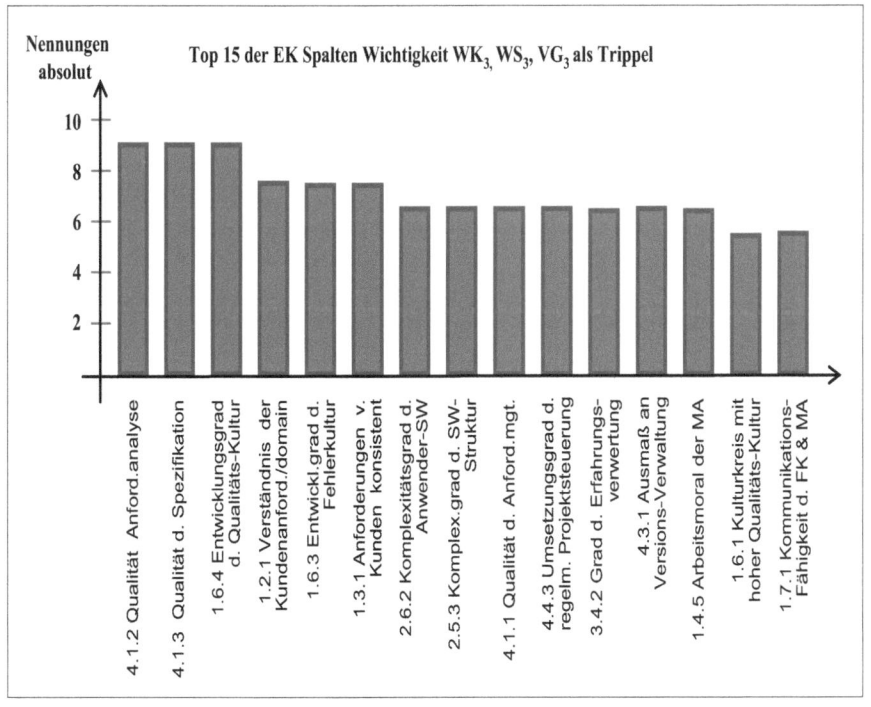

Abbildung 5.5:   TOP 15 Trippel WK₃ & WS₃ & VG₃
[Quelle: Eigene Darstellung]

6. Erläuterung der ermittelten wichtigsten Erfolgskriterien

Nachfolgend sind alle in den Darstellungen vorkommenden Erfolgskriterien erläutert

1.2.1 Verständnis der Kundenanforderungen/-domain durch MA

Das Verstehen der Kundenanforderungen ist eine komplexe Aufgabe, da oft zwei unterschiedlich denkende Menschen / Kulturen im Prozess involviert sind. Der Kunde schreibt bzw. trägt seine Anforderungen vor. Diese sind oft nicht komplett verständlich / vereinbar mit jenen des Lieferanten bzw. Softwareentwicklers. Kunde und Lieferant haben oft unterschiedliche Erziehung, Gedankenwelt, Selbstverständnisse bzgl. Softwareanforderungen, Fachwissen/Domainwissen [Hamilton 2007, S. 132]. Dies sind Gründe, dass Anforderungen des Kunden durch den Lieferanten unterschiedlich verstanden werden können.

In der Literatur ist das Thema der Anforderungserhebung, Analyse und Management bzw. Requirements Engineering umfangreich beschrieben z. B. [Pohl 2008] und wird deshalb hier nicht weiter vertieft.

1.2.4 Erfahrung und Zusammenarbeit des Teams

Softwareentwicklung ist Teamarbeit und diese basiert auf Erfahrung und Zusammenarbeit.

1.2.9 Positive Geisteshaltung der Mitarbeiter zur Fehlerprävention

Die Einstellung zur Qualität/Fehlerprävention ist im Berliner TQM-Umsetzungs-Modell der zentrale Punkt, siehe Kamiske [2005, S. 105], kann also als durchaus entscheidend gelten.

1.2.9a Motivationsgrad der MA

Motivation kann als Grund für ein bestimmtes menschliches Verhalten verstanden werden [Strunz 2001, S. 49]. Die Motivation ist für die Fehlerprävention sehr wichtig, da sie den Willen zum Fehlervermeiden stark beeinflusst. Der Mitarbeiter aktiviert seine Kräfte, um ein bestimmtes Ziel zu erreichen. In dieser Arbeit ist dieses Ziel „Softwarefehler zu vermeiden".

1.3.1 Kundenanforderung vom Kunden konsistent, eindeutig und vollständig formuliert

Der Grundstein zur Fehlerprävention ist die präzise Formulierung der Anforderungen. Wenn möglich, sollte die Formulierung der Anforderungen zwischen dem Softwarelieferanten (Softwareentwickler/Systemspezialisten) und dem Kunden in enger Abstimmung vonstattengehen.

1.4.5 Arbeitsmoral der MA

Eine schlechte Arbeitsmoral ist der Fehlerprävention sehr abträglich, da evtl. darin kein Sinn gesehen wird.

1.6.1 Kulturkreis mit hoher Qualitätskultur

In einem Kulturkreis, in dem grundsätzlich eine hohe Qualitätskultur vorhanden ist, besteht ein sehr hohes Qualitätsbewusstsein. Eine Firma in diesem Kulturkreis hat sehr gute Voraussetzungen für ebenfalls eine hohe Qualitätskultur und somit gute Voraussetzungen zur Fehlerprävention.

1.6.3 Entwicklungsgrad der Fehlerkultur der FK und MA

Das Kriterium „Fehlerkultur" hat gemäß Literaturrecherchen und eigenen Erfahrungen einen bedeutenden Einfluss auf die SW-Fehlerprävention. Der Begriff „Fehlerkultur" ist eigenartig, denn „Kultur" ist ein „positiver" Begriff, die „Fehlerkultur" jedoch ist negativ [Caspary 2008, S. 7]. Wer z. B. Softwarefehler erzeugt und diese offen preisgibt, gilt oft als fahrlässiger Mitarbeiter und wird deshalb mehr kontrolliert. Dies ist keine fördernde Fehlerkultur, denn eine solche beinhaltet eine positive Haltung gegenüber gemachten Fehlern, um daraus zu lernen. Fehlerkultur bedeutet, dass wir mit Fehlern offen und konstruktiv umgehen. Der Prozess zur optimalen Fehlerkultur ist in einem Unternehmen langwierig.

1.6.4 Entwicklungsgrad der Qualitätskultur der FK und MA

Für eine erfolgreiche Fehlerprävention ist die Qualitätskultur der Firma von großer Bedeutung, denn die aus der Unternehmenskultur entstandene Qualitätskultur ist ein Bestandteil der Unternehmensqualität [Seghezzi 1996, S. 181]. Führungskräfte sollen in ihrem täglichen Habitus Qualität und Mitarbeiterverantwortung vorleben.

1.7.1 Kommunikationsfähigkeit der FK und MA

Die Kommunikationsfähigkeit zwischen Management und Mitarbeiter ist ein Erfolgsfaktor [EXBA 2004] um z. B. die Anforderungen mit dem Kunden zu besprechen und zu verstehen. Statistische Untersuchungen und Auswertungen ergaben, dass schlechte und mangelnde Kommunikation gerade im Anforderungsmanagement zu Missverständnissen führen [Hamilton 2007, S. 73].

1.7.2 Regelmäßige, offene, ehrliche Feedback-Kommunikation der FK / MA

Die Kommunikationsfähigkeit erlaubt eine regelmäßige Kommunikation mit allen Beteiligten. Dazu zählt auch die Kommunikation von Erfolgen [Mc Donald 2008, S. 396]. Innerhalb des gesamten Spektrums der Kommunikation ist die Offenheit, die Ehrlichkeit, Bereitschaft zuzuhören und z. B. Softwarefehler ohne Angst zu gestehen, sehr fruchtbar.

2.5.3 Komplexitätsgrad der SW-Struktur

Eine komplexe SW-Struktur erhöht die Wahrscheinlichkeit für emergente SW-Fehler. Das Ziel ist den Komplexitätsgrad der SW-Struktur gering zu halten.

2.6.2 Komplexitätsgrad der zu erstellenden Anwendungssoftware

Der Komplexitätsgrad der Anwendungssoftware hat Auswirkungen auf die Fehlerwahrscheinlichkeit.

3.4.2 Grad der Erfahrungsverwertung

Die Erfahrung jedes einzelnen Mitarbeiters soll bestmöglich in der Organisation verwandt werden. Dazu dient eine Wissensdatenbank, in der Erfahrungen eingetragen, aber auch gelesen werden können.

3.6.3 Einhaltung der Projektqualitätsvorgaben

Um Fehlern vorzubeugen, müssen Projektqualitätsvorgaben dringend eingehalten werden.

4.1.1 Qualität des Anforderungsmanagements

Das Anforderungsmanagement beschäftigt sich mit dem Bewältigen der Anforderungen [Pohl 2008, S. 626]. Konkret ist das Verfolgen, Pflegen, Verwalten und Abstimmen der Anforderungen gemeint. Diese legen die qualitativen und quantitativen SW-Eigenschaften aus Sicht des Auftraggebers fest.

4.1.2 Qualität der Anforderungsanalyse

Die Anforderungsanalyse ist eine systematische und für die Fehlerprävention unentbehrliche Vorgehensweise, um die Anforderungen an das realisierende System aus der Perspektive des Kunden (Lastenheft) zu sehen und schrittweise zu verfeinern.

4.1.3 Qualität der Spezifikation

Eine Spezifikation ist die Zergliederung des Gesamtsystems in Komponenten. Aufgezeigt wird sowohl die statische Struktur als auch das dynamische Verhalten des Gesamtsystems.

4.3.1 Ausmaß an Versionsverwaltung und Kontrolle

Konfigurationsmanagement identifiziert eindeutig jede Erstellung und Änderung von Arbeitsergebnissen, z. B. Plänen, Anforderungen, Spezifikationen, Entwürfen, verschiedenen Codeteilen. Die Identifikation ist in einem Dateisystem sicher und langfristig zu archivieren [Kneuper 2006, S. 49]. Die Zugriffsrechte sollten auf bestimmte Nutzer beschränkt sein.

4.4.3 Umsetzungsgrad der regelmäßigen Projektsteuerung

Der Projektstatus ist konstant zu verfolgen und bei Abweichungen sind Maßnahmen zur Korrektur einzuleiten

4.7.1 Umsetzungsgrad von FMEA und Reviews Anwendung

Das Risikomanagement nutzt diverse Methoden und Verfahren, z. B. FMEA (Fehlermöglichkeit- und Einflussanalyse). Die FMEA legt für jedes Risikoelement die Eintrittswahrscheinlichkeit der möglichen Folgen und Ursachen, die Maßnahmen und die neue Risikozahl fest.

7. Zusammenfassung der Ergebnisse

Die empirische Untersuchung liefert durch die Interviews und Auswertung der 18 Fragebögen wichtige Aspekte zur Fehlerprävention und Softwarequalität. Die Interviewpartner der unterschiedlichen Softwarebranchen und Stellungen im Unternehmen standen dem Thema zur ganzheitlich vernetzten Fehlerprävention sehr positiv gegenüber.

Die hohe Zahl an Erfolgskriterien (EK) war für viele Interviewpartner überraschend und wurden trotzdem mit 90,97 % voll bestätigt (58,46 % stark und 32,51 % wichtig).

Die Wichtigkeit des Faktors „Mensch" wurde durch die relativ hohe Zahl an WK_3 „Mensch" Markierungen von 59,01 % bestätigt.

Als die vier wichtigsten Top 15 (WK_3) EK wurden mit jeweils 16 von 18 möglichen Nennungen genannt:

die Nr. „1.2.1 Verständnis der Kundenanforderungen /-domain durch Mitarbeiter (MA)",

die Nr. „1.6.4 Entwicklungsgrad der Qualitätskultur der FK & MA",

die Nr. „4.1.2 Qualität der Anforderungsanalyse und

die Nr. „1.2.9a Motivationsgrad der MA".

Die zwei wirkungsstärksten (WS_3) EK wurden mit jeweils 14 von 18 möglichen Nennungen die Nr. „1.3.1 Kundenanforderungen vom Kunden (KD) konsistent, eindeutig & vollständig formuliert" und „1.6.4 Entwicklungsgrad der Qualitätskultur der FK & MA" genannt.

An dritter Stelle folgt die Nr. „1.2.1 Verständnis Kundenanforderungen".

Den höchsten Vernetzungsgrad (VG_3) belegt das EK „4.1.3 Qualität der Spezifikation" mit 13 von 18 möglichen Nennungen, gefolgt von der Nr. „1.6.3 Entwicklungsgrad der Fehlerkultur".

Die Auswertung der Top 15 Kombinationen (Trippel) der Spalten WK_3 & WS_3 & VG_3 offenbart die „statischen" Einflussstärken der 15 wichtigsten EK auf die Fehlerprävention. Rang 1, 2 und 3 belegen die EK „4.1.2 Qualität der Anforderungsanalyse", „4.1.3 Qualität der Spezifikation" und „1.6.4 Entwicklungsgrad der Qualitätskultur der FK & MA".

Fazit:
Aus der empirischen Untersuchung kann konkludiert werden, dass die Fehlerprävention von den menschlichen Faktoren und den Prozessen am nachhaltigsten beeinflusst wird, aber auch die Bereiche Technik und Organisation wichtig sind.

Anzumerken ist, dass der Entwicklungsgrad (Ausprägung) der Qualitätskultur eine sehr wesentliche Rolle in der Softwarefehlerprävention einnimmt.

Literaturhinweise

Balzert, H.F. (1998). *Lehrbuch der Software-Technik;* Software-Management, Software-Qualitätssicherung, Unternehmensmodellierung. Spektrum, Akademischer Verlag Heidelberg/Berlin

Bunse, C./Knethen, A. (2008). Vorgehensmodelle Kompakt; Spektrum Akademischer Verlag Heidelberg

Dörner, D. (2008). *Die Logik des Misslingens;* Strategisches Denken in komplexen Situationen; Powohlt Taschenbuch Verlag 7. Auflage

Gabler_a. Gabler online Wirtschaftslexikon

Gerlich, Ra. & Re. (2005). *111 Thesen zur erfolgreichen Softwareentwicklung;* Springer Verlag, Berlin/Heidelberg

Gomez, P., Probst, G. (1987). *Vernetztes Denken im Management;* Die Orientierung Nr. 89, CH-Bern, Schweizerische Volksbank

Gomez, P., Probst, G. (1997). *Die Praxis des ganzheitlichen Problemlösens;* Vernetzt denken, Unternehmerisch handeln, Persönlich überzeugen; 2. überarbeitete Auflage; Bern, Stuttgart, Wien,

Grossmann, C. (1992). *Komplexitätsbewältigung im Management;* Anleitungen, integrierte Methodik und Anwendungsbeispiele; Verlag GCN, Winterthur

Hamilton, P. (2007). *Dynaxity;* Management von Dynamik und Komplexität im Softwarebau; Springer Verlag Berlin Heidelberg

Hamilton, P. (2008). *Wege aus der Softwarekrise;* Springer Verlag Berlin Heidelberg

Hörmann, K./Dittmann, L./Hindel, B. (2006). *SPICE in der Praxis;* Interpretationshilfe für Anwender und Assessoren, basierend auf ISO/IEC 15504, dpunkt.Verlag, Heidelberg

Hoffman, D. W. (2008). *Software Qualität;* Springer-Verlag, Berlin Heidelberg

Kamiske, G. F. (2005). *Qualitäts-Wissenschaftliches Manager-Handbuch;* Verlag Lehmanns Media-LOB.de Berlin, Germany. ISBN 3-86541-067-7.

Kneuper, R. (2006). *CMMI Verbesserung von Softwareprozessen mit Capability Maturity Model Integration;* 2. überarbeitete und erweiterte Auflage, Verlag dpunkt.verlag, Heidelberg, Germany. ISBN 3-89864-373-5.

McDonald, M.; Musson, R.; Smith, R. (2008). *The Practical Guide to Defect Prevention;* Techniques to Meet the Demand for More Reliable Software; Microsoft Press; Redmond, Wa, USA. ISBN 978-07356-2253-1.

Masing, W. (2007). *Handbuch Qualitätsmanagement;* Herausgegeben von T. Pfeifer/R. Schmitt, 5., vollständig neu bearbeitete Auflage, Hanser Verlag München

Pohl, K. (2008). *Requirements Engineering;* Grundlagen, Prinzipien, Techniken; 2., korrigierte Auflage dpunkt. Verlag Heidelberg, Germany. ISBN 978-3-89864-550-8.

Reason, I. (1990/2008). *Human Error;* Cambridge University Press New York, USA

    Schatten, A. und andere 2010: *Best Practise Software-Engineering;* Spektrum Akademischer Verlag Heidelberg, Germany. ISBN 978-3827424860.

Schein, E.H. (2003). *Organisationskultur;* The Ed Schein Corporate Culture Survival Guide; MIT/Cambridge USA; Edition Humanistische Psychologie, Bergisch Gladbach

Seghezzi, H. D. (1996). *Integriertes Qualitätsmanagement;* Das St. Galler Konzept München; Hanser Verlag München

Seghezzi, H.D. (2008). *Integriertes Qualitätsmanagement;* Der St. Galler Ansatz; 3. völlig überarbeitete Auflage; Hanser Verlag München

Senge, P. (2008). *Die fünfte Disziplin;* Die Kunst und Praxis der Lernenden Organisation; Schöffer-Poeschel, 10. Auflage

Strunz, H. / Dorsch, M. (2001). *Management;* Managementwissen für Studium und Praxis, Oldenburg Wissenschaftsverlag München

Unmüßig, A. (2012). *Ganzheitlich vernetzte Fehlerprävention im Software-Entwicklungs-prozess;* SHAKER Verlag Aachen ISBN Nr. 978-3-8440-1188-3; Siehe auch Amazon.de

Unmüßig, A. (2012). *Softwarequalität durch Vernetzung der Einflussfaktoren zur Fehlerprävention;* GRIN Verlag München ISBN Nr. 978-3-6561-7687-9

Unmüßig, A. (2012). *The Human being as key Element for Software Process Improvement;* GRIN Verlag München ISBN Nr. 978-3-6563-4475-9

Unmüßig, A. (2012). *Software Defect Prevention for better Software Quality;* GRIN Verlag München ISBN Nr. 978-3-6562-0659-9

Vester, F. (2007). *Die Kunst vernetzt zu denken;* Ideen und Werkzeuge für einen neuen Umgang mit Komplexität, 6. Auflage, dtv Verlag, München

Wallmüller, E. (2001). *Software Qualitätsmanagement in der Praxis;* 2., völlig überarbeitete Auflage, Hanser Verlag München